LA PERSE

ET LA

Guerre Européenne

par un Patriote Persan

ÉDITION

de la

LIBRAIRIE NOUVELLE DE LAUSANNE

1917

LA PERSE
ET LA GUERRE EUROPÉENNE

PAR UN PATRIOTE
PERSAN

ÉDITIONS
DE LA
LIBRAIRIE NOUVELLE
DE
LAUSANNE
1917

L'importance de l'heure présente.

Il y a plus d'un an qu'un terrible conflit a éclaté entre les grandes puissances de l'Europe. Pour l'étendue du théâtre de la lutte et le nombre des combattants, cette guerre est la plus formidable que l'Histoire connaisse. Les expéditions du pharaon Ramsès, de Xerxès, d'Alexandre le Grand, et de Jules César sont toutes bien peu de chose en comparaison de cette guerre universelle. Près de vingt millions de soldats, avec des milliers de navires de guerre, des centaines d'aéroplanes, des milliers et des milliers de canons, se sont jetés les uns sur les autres et s'acharnent à s'entre-tuer. Plus de 300 milliards de francs ont été ou vont être dépensés pour ce carnage. Les pertes en vies humaines, dans l'espace d'une année, se sont déjà élevées à 6 millions !

Mais plus encore que l'énormité sans précédent des armées mises en mouvement, ce qui donne une importance particulière à ce conflit mondial, c'est sans aucun doute son influence morale sur la vie des peuples. Il marquera un tournant de la grande route par laquelle s'achemine l'histoire du monde. De l'issue de cette lutte angoissante dépend la destinée de la plupart des nations, on pourrait même dire de toutes. Pour certaines d'entre elles, ce sera la fin de leur vie nationale ; pour d'autres, une nouvelle vie, pleine de lumière et d'espérance. Bref, nous devons nous préparer à voir sortir du bouleversement actuel un monde nouveau, bien différent de celui que nous avons connu. Au point de vue des conséquences politiques, la guerre européenne paraît appelée à laisser loin derrière elle les campagnes de Cyrus, les conquêtes et la chute de Rome, l'apparition de l'Islam, l'invasion des Mongols et les guerres napoléoniennes. Tous ces événements se sont déroulés sur une partie restreinte de la surface de notre globe, tandis que la conflagration présente s'étend presque aux deux tiers de la terre habitée et laissera des traces bien plus profondes.

Il y a, dans la vie de l'individu, des jours, des heures qui, pour ainsi dire, portent en germe sa destinée ; des minutes où la résolution qu'il prendra décidera irrévocablement du bonheur ou du malheur de toute son existence ultérieure. Il en est de même des peuples : dans leur vie aussi, où une année compte moins qu'une minute dans celle de l'individu, il se produit des époques qui revêtent un caractère de gravité extrême, des moments critiques dont dépendent le bonheur ou le malheur, souvent même la déchéance irréparable ou le glorieux essor de toute une nation. Si, dans un tel moment, les hommes placés à la tête d'un État se montrent à la hauteur de leur tâche, s'ils savent reconnaître la voie qu'il convient de suivre et qu'ils s'y engagent résolument, ils seront les sauveurs de leur patrie. Mais une faute légère en apparence, le moindre manque de discernement, la plus petite erreur dans l'orientation politique imposée par les circonstances, peuvent conduire une nation à sa perte et la faire disparaître de la surface de la terre.

Ce sont là des considérations générales d'une vérité incontestable. Il est non moins incontestable que l'heure actuelle est pour tous les peuples de la terre une de ces époques critiques appelées à décider de leurs destinées. Au milieu de la tempête qui s'est déchaînée sur le monde, toutes les nations s'inquiètent de leur avenir et des moyens de s'assurer une place au soleil. Les unes combattent, par le fer et par le feu, pour leur existence, et le vaisseau de leur politique navigue sur une mer de sang ; d'autres, armées jusqu'aux dents, se tiennent prêtes à repousser toute violation de leur territoire ou à entrer dans la lice au moment favorable qui leur permettra de réclamer leur part du butin et de réaliser de vieilles ambitions. Partout les gouvernements déploient toute leur intelligence et tout leur savoir-faire pour assurer l'avenir des nations dont ils tiennent le sort entre leurs mains.

Et la Perse, ce vaste empire asiatique de dix millions d'habitants, qui fut à maintes reprises le théâtre d'importants événements historiques, et qui, plus d'une fois, a manifesté un esprit national irréductible, la Perse, à l'heure actuelle, que fait-elle ? que pense-t-elle ?

Ce n'est pas dans les journaux de Téhéran ni dans les débats du Parlement qu'on trouverait une réponse satisfaisante à cette question. Les articles du *Râd*, du *Schurâ*, du *Nawbahâr*, etc., sont remplis de polémiques dont les affaires personnelles des rédacteurs de ces feuilles et de leurs familles font tous les frais, à moins que ce ne soit l'administration du gouverneur d'Asterabad ou de quelque autre ville. En ce qui concerne la politique extérieure, les journaux se bornent à répéter sur tous les tons le mot de « neutralité », qu'ils sont allés pêcher dans quelque manuel de droit international, et ils affectent de considérer ce vocable comme la plus haute expression de la sagesse et comme le talisman de l'indépendance de la Perse. Chose curieuse, la proclamation de la neutralité persane, qu'en vertu des principes de gouvernement constitutionnel le cabinet des ministres a introduite, il y a un an, dans le discours du trône prononcé à l'occasion de l'ouverture du Parlement, est considérée généralement, en Perse, comme un acte émanant de la volonté du Chah, et tout le monde va répétant : « Notre roi bien-aimé a ordonné la neutralité et nous devons lui obéir ». On ne se rend pas compte que, dans un pays constitutionnel, un discours du trône, de même que toutes les paroles prononcées en public par le monarque, ne fait que rendre l'opinion du conseil des ministres, et que les idées d'un gouvernement sont sujettes à varier avec les membres qui le composent, sinon avec les circonstances.

Nulle part on ne voit s'élever une discussion sérieuse et raisonnée de la ligne de conduite que la Perse doit tenir pour défendre, autant qu'il est en son pouvoir, ses intérêts menacés par la crise universelle.

En lisant les communiqués officiels du Cabinet et les commentaires de la presse, on se demande ce qu'ils veulent dire et quels buts ils peuvent bien servir. Il est inadmissible, dans des circonstances aussi graves que les présentes, de régler l'attitude d'un pays, au jour le jour, sur les notes, les promesses ou les menaces des légations étrangères accréditées auprès de son gouvernement. Ce qui est indispensable, c'est une revision complète des idées qui ont dirigé jusqu'ici la politique de la Perse. Le moment est venu de peser consciencieusement le pour et le contre de toutes les possibilités qui s'offrent, et de s'engager résolument dans la voie qui donne le plus de garanties pour un avenir heureux du pays.

L'orientation de la politique de la Perse a été plus d'une fois discutée dans la presse nationale et dans la presse étrangère, mais en évitant d'aborder, ouvertement et sans réticences, la question des avantages et des inconvénients qui en résulteront selon qu'elle aura lieu dans un sens ou dans un autre. Or, tous les hommes sérieux s'accordent à penser que si la Perse persiste dans l'indolence dont elle a fait preuve jusqu'ici si elle ne sait profiter de la faveur du moment ni pour ses affaires intérieures ni pour sa politique extérieure elle est irrémissiblement vouée à disparaître.

Certains Persans se bercent de l'espoir qu'une Turquie victorieuse respecterait l'indépendance de leur patrie ; mais c'est là une pure illusion, et ceux qui la nourrissent seront déçus tout aussi bien que ceux qui comptent sur l'Allemagne pour protéger l'intégrité de la Perse contre la Turquie.

Évidemment, l'Allemagne et la Turquie ont grand intérêt à l'existence d'une Perse forte et capable de défendre elle-même ses frontières, mais il est par trop naïf de croire que ces deux puissances soient disposées à envoyer des troupes verser leur sang pour notre cause, à chasser de notre maison les voleurs qui s'y sont introduits, et à aller ensuite réveiller dans son lit le propriétaire malade, pour recevoir ses compliments et, là-dessus, se retirer discrètement, afin que le *Lion du Royaume*, le *Tigre de la Souveraineté*, et le *Léopard de l'Empire* puissent rouvrir dans les somptueux palais de *Farah-Abâd*, *d'Isehrat-Abâd* et de *Bahdjat-Abâd*, leur petit trafic de titres et de décorations, et reprendre, entre le samovar et le narguilé, la douce existence traditionnelle des dignitaires persans.

D'autre part, il est clair que si l'Angleterre et la Russie, ennemies séculaires de la Perse et causes de toutes ses misères, sortent victorieuses de la guerre actuelle, et dès lors n'auront plus rien à craindre du côté de l'Europe, elles ne perdront pas un jour pour se jeter sur la Perse et la partager entre elles. C'est-à-dire que chacune d'elles prendra en main l'administration effective de la « sphère d'influence » qu'elle s'est adjugée voilà plus de huit ans. Depuis, la Russie et l'Angleterre ont tout fait pour affaiblir la Perse, elles lui ont enlevé systématiquement tous les moyens de rétablir l'ordre et d'introduire les réformes qu'elle réclame et l'ont serrée dans leurs griffes jusqu'à l'étouffer, si bien que le jour où elles seraient victorieuses en Europe, elles n'auraient plus qu'à faire présenter par leurs légations une note identique à l'adresse du Cabinet persan, pour lui dire : « Désormais, il ne faut plus en Perse de gouvernement national ; vous pouvez donc, dès aujourd'hui, boucler vos valises et fermer votre boutique » ; après quoi, rien ne leur serait plus facile que de faire garder les abords des ministères par quelques détachements de cosaques persans. D'après tout ce que nous avons vu depuis dix ans, nous pouvons être certains que le gouvernement persan obtempérerait à cette injonction avec la même soumission résignée qu'il a montrée invariablement dans tous les cas analogues : il s'inclinerait en se faisant cette réflexion : « Nous sommes sans force pour résister. Si nous nous résignons, on nous laissera au moins quelque chose ; mais si nous bougeons, on nous prendra tout d'emblée. »

Quand on considère que la Russie et l'Angleterre, durant ces dix dernières années, se sont préparées de toutes leurs forces à la guerre contre l'Allemagne; que par crainte de ce puissant ennemi qu'elles voulaient écraser à tout prix, elles se sont imposé une certaine réserve, afin d'éviter autant que possible de se créer ailleurs des difficultés ou des préoccupations; et que, malgré tout cela, elles ont tourmenté la Perse comme nous les avons vues le faire, on est en droit de se demander ce qu'il adviendrait si ces deux puissances, sortant victorieuses de la guerre actuelle et ayant réussi à supprimer le seul obstacle qui se mettait en travers des projets qu'elles ont formés pour la conquête du monde, n'avaient plus de motif de prendre le moindre ménagement envers notre pays. N'ont-elles pas, il y a trois ans, forcé Samsam-es-Saltana, le président du conseil des ministres, de rappeler de Suisse, où il vivait en exil, le fameux Saad-ed-dowla et de lui céder sa place ? Nâssirul-Mulk, le régent de Perse, ayant refusé de nommer Saad-ed-dowla à la présidence du conseil, les deux puissances lui déclarèrent qu'au cas où il persisterait dans son refus, le trésorier général — M. Mornard, un Belge parvenu à ce poste à la recommandation de la Russie et de l'Angleterre — recevrait l'ordre de lui supprimer son traitement ! Elles ont même essayé, mais sans succès, d'élever, par un coup d'État, Saad-ed-dowla à la dignité de régent de Perse.

L'oppression de la Perse par la Russie et l'Angleterre.

Les iniquités, les actes de violence et de tyrannie que la Russie et l'Angleterre ont commis et commettent toujours en Perse sont trop nombreux pour que nous puissions les énumérer tous. En 1900, les Russes ont forcé la Perse à prendre l'engagement de ne contracter à l'étranger aucun emprunt sans leur consentement. En vertu d'un autre engagement, extorqué en 1889, ils l'ont empêchée, depuis vingt-quatre ans, de construire aucune voie ferrée. Ils ont su dissoudre, par toutes sortes d'intrigues, la mission d'instructeurs militaires que le gouvernement persan avait fait venir d'Autriche, il y a une trentaine d'années, pour réformer l'armée persane ; ils ont désorganisé les finances ; ils ont interdit à la Perse la navigation sur la mer Caspienne, l'ont privée du droit de régler à sa guise son tarif douanier, ont accaparé le commerce, l'industrie, les mines, les concessions de travaux publics, bref, à peu près tout. En 1909, la Russie et l'Angleterre se sont entendues pour interdire à la Perse d'accorder, sans leur autorisation préalable, aucune concession aux étrangers. Deux ans plus tard, elles arrachaient à notre malheureux pays la promesse de ne plus appeler à son service, sans qu'elles eussent donné leur consentement, des fonctionnaires étrangers pour les charger de réformes dans les différentes administrations.

En 1912, elles nous ont enlevé même le droit d'entretenir une armée, en imposant à notre gouvernement l'humiliante obligation de ne pas lever de troupes, quel qu'en fût le nombre, sans une autorisation expresse de leur part. La même année, la Perse fut contrainte de reconnaître officiellement le fameux accord anglo-russe de 1907 et d'accepter la « protection » de ses oppresseurs. Tous les efforts que le gouvernement persan a faits, durant les dix dernières années, pour relever le niveau moral et intellectuel de notre pauvre pays et en développer la vie économique, se sont invariablement brisés contre le mauvais vouloir et la résistance de la Russie et de l'Angleterre. Quand enfin, en 1910, le gouvernement persan eut trouvé, en Amérique et en Suède, des hommes capables qui acceptèrent de réorganiser les finances et la gendarmerie, afin d'ouvrir la voie à d'autres réformes, ces hommes ne s'étaient pas plus tôt mis à l'œuvre avec un zèle de bon augure, que les Russes lâchèrent sur le pays l'ex-Chah Mohammed Ali, dont l'arrivée y causa de graves troubles, qui se terminèrent par une contre-révolution. Et pourtant les Russes, aussi bien que les Anglais, s'étaient formellement engagés, par le traité de 1909, à ne tolérer de la part de l'ex-Chah, aucune tentative de reprendre le pouvoir. Mais quand ils s'aperçurent que, grâce à l'union et à l'esprit de sacrifice de notre nation, grâce à l'énergie et au dévouement de l'Américain M. Shuster et de ses collaborateurs, l'intrigue ourdie pour repousser la Perse dans le chaos menaçait d'échouer, ils jetèrent le masque : afin d'arrêter les réformes inaugurées par M. Shuster avec le concours du Parlement, ils envoyèrent à Téhéran un ultimatum et, peu après, des troupes qui expulsèrent M. Shuster et ses collègues étrangers. Ainsi s'évanouit pour la Perse tout espoir de relèvement. La responsabilité officielle de ces actes de violence incombe à la Russie ; mais nous savons, par le Livre bleu anglais de 1912, que ce fut l'Angleterre qui proposa à Pétersbourg l'expulsion de M. Shuster, et que toutes les démarches ultérieures furent concertées entre le Cabinet russe et le Cabinet anglais.

Voilà comment la Grande-Bretagne et la Russie se sont acharnées contre nous, voilà comment elles ont sapé les bases de notre existence nationale, paralysé notre gouvernement, et mis notre pays dans l'état de prostration où nous le voyons maintenant, sans force pour se ressaisir et pour rentrer dans la voie des réformes. Voilà comment il se fait que la Perse, aujourd'hui, peut se comparer à une personne minée par une incurable maladie de langueur, ou bien à une ruine qui menace de s'écrouler d'un instant à l'autre.

Mais pour parachever l'œuvre néfaste de nos ennemis, il ne fallait pas que ce malheureux pays conservât le moindre espoir de se relever et de reprendre des forces; il fallait empêcher qu'il pût jamais profiter d'une occasion telle que celle qui se présente en ce moment, pour réagir, dans un suprême effort, contre ses persécuteurs.

Afin donc de ne rien négliger pour mettre la Perse dans l'impossibilité d'être un jour un adversaire gênant, l'Angleterre et la Russie, de propos délibéré, firent systématiquement désorganiser et ruiner ses finances par leurs créatures, les Belges, qui avaient remplacé les fonctionnaires américains. On trouva mille prétextes pour enlever au gouvernement persan la disposition des revenus du pays. Tantôt il fallait des garanties pour le payement des intérêts des emprunts, tantôt on exigeait des indemnités pour de prétendus préjudices causés à des ressortissants russes ou anglais ; puis c'était le remboursement de la solde des brigades de cosaques dont le gouvernement persan avait été contraint de tolérer la formation à Téhéran et à Azerbaïdjan, ou l'apanage de l'ex-Chah Mohammed Ali, ou enfin quelque autre réclamation frivole ou vexatoire. Le Trésor persan finit par être à court d'argent pour ses dépenses mensuelles, voire même quotidiennes. On se mit alors à lui avancer de petites sommes, juste de quoi faire face, pendant très peu de temps, aux besoins les plus pressants. Bientôt il fallut solliciter de nouveau, pour obtenir, au taux de 7 pour cent, des sommes aussi minimes que, p. ex., 400.000 livres sterling ; ajoutons que les gouvernements de la Russie, de l'Angleterre et de l'Inde ne consentaient à les fournir qu'en commun, à des conditions politiques et financières fort onéreuses, et après avoir profité, d'une façon éhontée, de la détresse du gouvernement persan pour lui extorquer d'importantes concessions de chemins de fer, de mines, de lignes télégraphiques, etc. Le gouvernement persan, craignant l'opinion publique, essayait bien de protester contre les conditions exorbitantes qu'on prétendait lui imposer, mais il finissait toujours par se soumettre. On commençait par des négociations interminables, puis le gouvernement fléchissait peu à peu et, finalement, il en passait par tout ce qu'on voulait. On tombait d'accord sur une formule ambiguë, fort innocente en apparence, mais qui donnait tout avantage aux Russes et aux Anglais, et le Trésor persan recevait une modeste somme suffisant tout juste pour ses besoins immédiats et qu'on partageait aussitôt entre les administrations mourant d'inanition.

Bref, on renouvela, en redoublant de raffinement cruel, le système de torture lente qu'on avait expérimenté jadis en Égypte et dans le Boukhara, où il avait donné de si bons résultats. Ainsi les dettes de l'État devinrent toujours plus écrasantes ; le désarroi des finances augmenta sans cesse ; et lentement, mais sûrement, tout l'organisme politique se désagrégea.

Les brutalités russes.

Tous ces actes de violence et de tyrannie furent l'œuvre commune des Russes et des Anglais, qui comptaient bien atteindre, grâce à ce système, leur but commun : la désorganisation de la Perse dont ils espéraient, une fois complètement ruinée, faire une proie facile. La Russie cependant, qui n'a pas l'habitude de s'embarrasser de scrupules sur la délicatesse de ses procédés politiques, ce que nul n'ignore, s'est particulièrement mise en frais de brutalité. Il y a quelque temps, les consuls russes sont intervenus directement dans les affaires financières du pays en ordonnant à leurs nationaux de verser le montant de l'impôt foncier dû par eux, non aux caisses de l'administration persane, mais aux succursales de la Banque russe. La même instruction a été donnée aux « protégés » russes, parmi lesquels comptent malheureusement bon nombre de grands propriétaires des provinces du nord et du centre : il leur a été enjoint, à eux aussi, de verser leurs contributions à la Banque russe. C'est de cette façon qu'on a privé le gouvernement persan d'une partie considérable de ses ressources pécuniaires. On a fait des efforts inouïs pour attirer en Perse d'innombrables masses de sujets russes : dans le courant d'une seule année, plus de 100.000 Russes se sont établis dans les provinces d'Asterabad et d'Azerbaïdjan. C'était ainsi qu'on s'efforçait de « russifier » la Perse, opération que, d'ailleurs, on sut hâter par un nombre infini de mesures vexatoires, telles que l'acquisition de biens-fonds dans les provinces d'Azerbaïdjan, de Ghilan, de Mazenderan, d'Asterabad et de Khorassan ; la construction de forteresses et de stations de télégraphie sans fil dans l'Azerbaïdjan ; les violations quotidiennes de la souveraineté persane à Mechhed ; les intrigues ourdies sans cesse à Ispahan ; les massacres et les exécutions sommaires qui désolèrent les provinces d'Azerbaïdjan et de Ghilan ; le bombardement dirigé contre notre sanctuaire national, le mausolée de l'imam Riza à Mechhed ; la défense faite au gouvernement persan de créer des corps de gendarmerie dans les provinces du nord ; les innombrables difficultés suscitées dans le pays tout entier à l'organisation et à l'instruction de la gendarmerie par les officiers suédois ; et mille autres actes d'une brutalité révoltante, aussi inséparables de la politique russe que l'emploi du knout et des hordes de cosaques qui, une fois de plus, viennent d'assouvir leurs instincts de bêtes féroces en dévastant la Prusse orientale.

L'Angleterre complice de la Russie.

Une bonne part de mérite dans ces actes « civilisateurs » revient de droit aux co-signataires de l'accord de 1907. Dans le courant de ces huit dernières années, les Anglais ont débarqué un nombre toujours grandissant de troupes sur les côtes du golfe Persique, dont ils ont transformé les ports en camps militaires. Ils ont envoyé des troupes à Chiraz, et, profitant de la faiblesse du gouvernement, ils lui ont arraché des concessions de lignes télégraphiques, de voies ferrées et le privilège de la navigation sur le Haut Karoûn. A force d'intrigues, ils ont réussi à donner une demi-indépendance aux puissants chefs des tribus du sud de la Perse, notamment au cheikh arabe Khizil. Sur la côte du golfe Persique, ils ont interdit l'importation d'armes. Dans le nord du pays, les agents consulaires anglais se sont constamment empressés, autant que possible, de faciliter les crimes russes. Le consul anglais à Tebriz, M. Shipley, n'a-t-il pas écrit dans un rapport adressé au *Foreign Office*, que le fameux brigand Chodja-ed-dowla Samad Khan, affublé par les Russes du titre de gouverneur et qui a fait pendre et écarteler des centaines de patriotes persans — sans parler d'autres atrocités inouïes dont il s'est rendu coupable —, était un excellent gouverneur et jouissait de la considération générale !

Depuis le commencement de la guerre européenne, la tyrannie de l'Angleterre et de la Russie, loin de diminuer, n'a fait que s'aggraver. Au mépris de la neutralité de la Perse, ces deux puissances ont porté la guerre sur son territoire. Les Russes ont pris pour base de leurs opérations contre la Turquie la province d'Azerbaïdjan ; les Anglais, les villes de Nâssiri et d'Ahvâz ; les uns et les autres détruisent ainsi les biens et même la vie d'innombrables sujets persans. Les Russes ont rappelé de Tiflis l'ignoble Chodja-ed-dowla que le gouvernement, au prix de mille difficultés, avait réussi à chasser de Perse, et l'ont envoyé contre les Turcs, à la tête de troupes formées de sujets persans et armées aux frais des contribuables persans. Et tout cela, bien que le gouvernement de Perse ait proclamé la neutralité du pays ! La guerre déclarée, ni les Russes ni les Anglais n'ont cessé de s'immiscer dans les affaires

intérieures de la Perse et de l'inquiéter par leurs menaces. Les
Anglais ont même cru le moment propice pour faire une bonne
affaire en acquérant certaines îles du golfe Persique qu'ils con-
voitent. Ils ont proposé au gouvernement persan, sous prétexte
de le tirer de ses embarras financiers, de leur vendre à vil prix les
îles de Kichem, de Khark et d'Hormouz. Les Russes enfin ont
envoyé des troupes à Kazwin, d'où ils menacent Téhéran.

Ce que la Perse peut attendre de l'Angleterre.

Les faits que nous venons de citer ne constituent que la centième partie des vexations et des violences dont se sont rendus coupables envers notre pays ses puissants voisins ; néanmoins ils pourraient suffire pour prouver que dans le cas d'une victoire de l'Entente sur l'Allemagne, l'Autriche-Hongrie et la Turquie, tout espoir de délivrance serait perdu pour l'Iran. Mais il existe encore d'autres considérations non moins irréfragables et qui excluent tout doute sur le sort qui serait réservé à la Perse si cette éventualité venait à se réaliser.

Certains partisans de la neutralité de la Perse se bercent de l'espoir qu'après une guerre victorieuse de l'Entente, la vieille inimitié entre la Russie et l'Angleterre renaîtra aussitôt et que le conflit de leurs intérêts en Asie ne tardera pas à prendre une forme aiguë. L'Angleterre, alors, recourant à sa méthode traditionnelle d'exciter les nations les unes contre les autres, afin de maintenir entre elles l'« équilibre », adopterait à l'égard de la Russie une politique d'isolement et d'« encerclement » semblable à celle qu'elle a suivie depuis quinze ans vis-à-vis de l'Allemagne, et dans ces circonstances, une Perse forte, dont elle pourrait se servir contre la Russie, lui deviendrait indispensable.

Ce raisonnement, tout séduisant qu'il paraisse, repose sur des pieds d'argile et ne peut tromper que les gens qui ignorent la véritable nature de la politique anglaise. L'existence, en Asie, d'un empire puissant, est de beaucoup plus dangereuse pour l'Angleterre que même pour la Russie. Quelques mois avant la guerre actuelle, ces deux nations étaient entrées en pourparlers au sujet de la suppression de la « zone neutre ». Si les négociations eussent abouti, c'eût été le partage définitif de la Perse, la fin irrévocable de son existence. Les naïfs seuls peuvent encore ajouter foi à la vieille légende d'après laquelle la Russie et l'Angleterre répugneraient à avoir des frontières communes ou même à être rapprochées par un voisinage trop étroit. Dans un discours fait au parlement anglais, lord Newton s'est exprimé ainsi au sujet de la Perse :
« Aujourd'hui, nous croyons tous que les faibles États d'Orient

ne sauraient opposer de résistance à la « pénétration pacifique » d'une puissance européenne. Par conséquent, qu'on le veuille ou non, les Russes continueront à étendre leur domination du côté du sud, et comme nous ne pouvons créer d'État-tampon entre eux et nous, il ne nous reste qu'à mettre le plus tôt possible la main sur la part qui nous revient et à avancer, le plus que nous pouvons, la barrière qui devra nous séparer des Russes, nos voisins. » Il faudrait donc être dénué du sens politique le plus élémentaire pour fonder sur la Grande-Bretagne et sa politique le moindre espoir de jamais voir rétablir l'indépendance de la Perse. Ce serait tomber de fièvre en chaud mal.

D'ailleurs, la Perse, il y a cent ans, a appris à ses dépens le fond qu'il y a à faire sur l'assistance de l'Angleterre. Dans la guerre que notre pays faisait alors à la Russie, notre armée était commandée par des instructeurs anglais : dès que ces officiers apprirent que la paix venait d'être faite entre l'Angleterre et la Russie, ils abandonnèrent leurs troupes et quittèrent le pays qui leur avait confié sa défense. C'est ainsi que la Perse perdit ses provinces du Caucase.

L'Angleterre s'est toujours complu à jouer le rôle d'amie sincère de la Perse et de protectrice désintéressée de ses droits et de son indépendance. En réalité, la prospérité, l'existence même de la Perse n'ont pas eu d'ennemi plus acharné. Ce qui a trompé bon nombre de Persans sur la gravité du péril britannique, c'est l'attitude sympathique et bienveillante de certains agents anglais. Mais le gouvernement de Sir Edward Grey n'a jamais manqué de rappeler ces fonctionnaires au bout de peu de temps et de les remplacer par des hommes dont les sentiments hostiles pour la Perse étaient connus. Marling, l'envoyé britannique actuel à Téhéran, qui, à deux reprises, a fait l'intérim de la légation d'Angleterre, est un partisan convaincu de la destruction de la souveraineté persane. Ainsi qu'il ressort d'un Livre bleu, ce dignitaire, au cours d'une conversation qu'il eut avec le Serdar-i-Ascad, ne s'est pas gêné pour qualifier les Persans de « stupid people », parce qu'ils faisaient des façons pour se soumettre à un peuple aussi puissant que les Russes. Le *Times*, organe de l'Office des affaires étrangères du cabinet de Sir Edward Grey, écrivait sans ambages que la Perse tout entière ne valait pas les os d'un grenadier anglais. En 1911, la légation britannique à Téhéran ayant demandé, par télégramme, si à Londres on était disposé à accorder au commandant Stokes, attaché militaire anglais, l'autorisation d'entrer au service de la Perse, Sir Edward Grey commença par répondre affirmativement, ne mettant pour condition que la démission de M. Stokes de son grade dans l'armée des Indes. Mais à peine cet officier, après s'être conformé à ce désir, eut-il commencé l'organisation du corps de gendarmes-collecteurs d'impôts qu'on lui avait confiée, que Sir Edward Grey revint sur sa parole, intima à M. Stokes l'ordre de cesser ses fonctions, et fit cause commune avec la Russie qui prit prétexte de cette affaire pour une nouvelle agression contre la Perse.

Les fonctionnaires suédois et belges au service de la Perse.

Pendant longtemps l'Angleterre avait vu d'un mauvais œil la présence, en Perse, des fonctionnaires belges attachés à l'Administration des contributions, parce qu'elle les considérait comme des instruments de la politique russe. Après l'expulsion de M. Shuster, cependant, elle prit ouvertement parti pour les Belges. Or, si l'Angleterre avait eu la moindre sympathie pour notre pays, ses aspirations nationales et son indépendance, elle n'aurait jamais consenti à protéger ces étrangers qui, de l'avis unanime des Persans, ont été, pour l'Iran, les pires agents de ruine et de destruction et n'ont servi que les intérêts de ses implacables ennemis. Tout d'abord, l'Angleterre s'était montrée favorable au projet tendant à faire réorganiser la gendarmerie persane par des instructeurs suédois et a prêté son concours à ces officiers, tant qu'elle a espéré les circonvenir et les amener à servir ses projets égoïstes. Mais dès qu'ils eurent compris que les Suédois, entendant servir avec zèle et désintéressement le pays qui les avait appelés, prenaient sérieusement à tâche de rétablir l'ordre public et de faire disparaître tout prétexte à des interventions étrangères, les Anglais commencèrent à intriguer contre les nouveaux venus, à les accuser de provoquer des troubles, de travailler dans l'intérêt de l'Allemagne, etc. Aujourd'hui chacun sait que, des deux missions étrangères déléguées en Perse, l'une fait partie de l'armée d'Ormazd (Génie du bien) et l'autre se compose de sectateurs d'Ahriman (Génie du mal). Les Suédois travaillent sans arrière-pensée à la liberté, au salut, à l'indépendance et à la sécurité de la Perse ; leur devise est : *La Perse aux Persans.* Les Belges paraissent s'efforcer de revaloir aux puissances de la Triple Entente, aux dépens de la Perse qui les nourrit, l'assistance qu'elles ont prêtée à leur patrie, car ils ne connaissent d'autre ambition que d'en satisfaire docilement toutes les exigences.

L'Angleterre et la Russie ont fait tout leur possible pour entraver le développement de la gendarmerie nationale qui, sous

le commandement de ses instructeurs suédois, devait rétablir
l'ordre dans le pays et en représentait la dernière chance de salut.
Les Russes se sont montrés, dès le début, ouvertement hostiles à
la création de cette troupe. Ils se sont opposés à ce que la nouvelle institution fût étendue aux provinces septentrionales de la
Perse et exigèrent pour celles-ci la formation de brigades de cosaques persans commandés par des officiers russes. Bref, ils se
sont efforcés, par toutes sortes de manœuvres, de mettre obstacle
au fonctionnement normal de la gendarmerie persane. Quant à
l'Angleterre, elle a d'abord pris une attitude bienveillante à l'égard
de la troupe nouvellement créée, comptant bien s'en faire un instrument docile pour servir ses intérêts dans les provinces du sud
et dans la « zone neutre ». A cet effet, les Anglais recoururent
à un procédé bien caractéristique pour leur politique et qui con-
sistait à avancer, tous les cinq ou six mois, au gouvernement persan,
une petite somme pour l'entretien des gendarmes : juste de quoi
les empêcher de mourir de faim mais non pour les faire vivre.
Après la déclaration de la guerre, l'Angleterre changea subite-
ment d'attitude, soit qu'elle jugeât dangereuse la présence, sur les
confins des Indes, d'une force armée, soit qu'elle ne voulût pas
avoir à s'embarrasser de complications dans la Perse méridionale,
soit enfin qu'elle redoutât, pour son influence en Perse, des conséquences fâcheuses résultant de la communauté de religion entre
Persans et Turcs. Elle s'ingénia donc à trouver mille prétextes pour
dissoudre le corps de gendarmerie et détruire ainsi le seul pouvoir
fortement constitué que possède la Perse.

En 1913, le gouvernement persan avait fait à des manufactures
d'armes allemandes d'importantes commandes de fournitures destinées aux troupes de gendarmerie de Fars, de Kirman et d'autres
provinces ; à savoir 6.000 fusils avec trois millions de cartouches,
un million de cartouches pour mitrailleuses et 300.000 cartouches
à blanc. Les armes et les munitions arrivèrent, dès le commencement de 1914, dans le port de Bouchir, mais y restèrent en souffrance
pendant près d'une année, l'insécurité des routes ne permettant
pas de les diriger sur l'intérieur du pays. En janvier 1915, le gouvernement persan, vu les inquiétudes que lui inspirait la guerre entre
l'Angleterre et la Turquie, et par suite du besoin urgent qu'il avait

du matériel en question, chargea deux officiers de gendarmerie
suédois, MM. les capitaines Post et Landberg, de se rendre à
Chiraz et à Bouchir, afin d'organiser le transport des 1.400 caisses
qui le renfermaient. Ces officiers, qui avaient été assez souvent
témoins de la désinvolture avec laquelle les grands voisins de la
Perse transgressaient les prescriptions du droit international, procé-
dèrent avec une extrême circonspection, afin de ne pas laisser tomber
armes et munitions entre les mains d'une puissance étrangère. Ils
avaient toute raison de croire que les Anglais, p. ex., si par hasard
ils avaient eu vent de la nature du transport, n'auraient pas hésité
à le saisir sous un prétexte quelconque. N'avaient-ils pas arrêté à
Ahwaz et renvoyé après l'avoir confisqué, un transport de 200.000
cartouches que le gouvernement persan avait expédié de Mohammera
à destination d'Ispahan ? Mais la discrétion — fort légitime, on le
voit — des officiers suédois parut louche aux agents anglais, qui
crurent qu'elle cachait quelque dessein inavouable du gouvernement persan, et finirent par prétendre que les mystérieuses caisses
étaient destinées aux Allemands, lesquels s'entendaient avec les
Suédois comme larrons en foire. Voilà l'affaire qui a servi de
prétexte aux Anglais pour motiver leur changement d'attitude
envers la gendarmerie persane. Depuis, ils ont mis et ils mettent
tout en œuvre pour obtenir le licenciement de cette troupe et le
renvoi de ses instructeurs suédois. S'ils devaient réussir, l'infortunée
Perse verrait disparaître à la fois le dernier vestige de son indépendance et le seul espoir qui lui reste de jamais la reconquérir. C'est
l'avis unanime de tous les patriotes persans.

La violation de la neutralité persane par les Russes et les Anglais.

Depuis le commencement de la guerre actuelle, les Russes et les Anglais se conduisent en maîtres absolus de la Perse, se souciant de sa neutralité comme d'un fétu. Ils ont occupé sans façon tous les points stratégiques importants ; ils ont installé des appareils de télégraphie sans fil et amené des aéroplanes ; ils ont emprunté pour leurs opérations militaires le territoire de la Perse et fait prendre les armes au personnel de leurs consulats, renforcé par de nombreuses bandes, également armées. Et le pis est que dans toutes les localités où se présentaient leurs troupes, au nord comme au midi, elles ont arrêté les consuls et les agents officiels allemands, autrichiens ou turcs, pour les envoyer sous escorte en Russie et en Angleterre et les y faire interner. Partout elles ont arrêté d'inoffensifs sujets allemands ou autrichiens, après avoir mis au pillage leurs maisons, leurs fabriques et leurs magasins ; elles ont insulté le drapeau allemand ; dans le Khorassan, elles ont même massacré les agents officiels et les négociants allemands qui n'avaient pu se mettre en sûreté. A Koutchan et à Bodjnoud, en plein territoire persan, des consuls russes ont fait saisir, par leurs bandes armées, et en violation du droit d'asile, des prisonniers autrichiens qui avaient réussi à s'évader du Turkestan. A Bouchir, les Anglais arrêtèrent le consul d'Allemagne, s'emparèrent de ses papiers et l'embarquèrent à bord d'un de leurs navires. A force de distributions d'argent et de promesses de toute sorte, ils ont su exciter contre les Allemands et les Turcs les chefs de certaines tribus nomades de la Perse. C'est à l'instigation des Anglais que les Sindjabis, p. ex., sont partis en guerre contre les Turcs, et que Hayder Khan de Bender Rig a donné ordre de capturer M. Wasmus, consul d'Allemagne à Chiraz, et le docteur Lenders, pour les livrer aux Anglais. (M. Wasmus a réussi à prendre la fuite, mais le docteur tomba aux griffes des Anglais.) Dans l'Azerbaïdjan, les Russes, après avoir occupé Tabriz et arrêté tous les Allemands qui se trouvaient dans cette ville, ont relâché une soixantaine de vieillards, de femmes et d'enfants, et les ont autorisés à se retirer à Téhéran, mais en cours de route et au mépris de la parole donnée, ils les ont faits de nouveau prisonniers et les ont traînés en Russie. Malgré toutes ces violations flagrantes des lois internationales, les Russes et les Anglais persistent à se vanter d'être les défenseurs des petits États neutres et ne cessent de se plaindre des intrigues des Allemands, qu'ils accusent de battre en brèche la neutralité persane et de la rendre illusoire. Admirable illustration du proverbe « Il crie au secours, et c'est lui qui frappe ».

Conquête du monde et violation de traités.

On croit rêver quand on voit les puissances de la Quadruple Entente, qui travaillent à soumettre à leur domination tous les peuples de la terre, se poser, sans pudeur aucune, en protectrices des petites nations et de leur neutralité, voire même en champions de la liberté. C'est là une des ironies les plus piquantes de l'histoire. Ne dirait-on pas que ces bons Anglais se tiennent confinés, paisibles et tranquilles, dans leur coin des îles britanniques, sans se soucier de personne, pas même des deux nations celtiques des Gallois et des Irlandais, leurs voisins, qu'en réalité ils oppriment de la façon la plus brutale ? Est-ce que ce sont l'Allemagne et l'Autriche qui ont subjugué la terre tout entière ? Sont-ce les Autrichiens qui occupent Hongkong, ou les Allemands qui tyrannisent les Indes ? Est-ce l'Autriche qui a annexé l'Égypte, la Nigeria, l'Achanti, Zanzibar, la Somalie, le Zoulouland, le Betchouana, le Transvaal, l'État d'Orange, le Soudan, Malte, Gibraltar, Ceylan, la Birmanie, le Beloutchistan, Mascate, l'Oman, Aden, Bab-el-Mandeb, le Canada, la Nouvelle-Zélande ? Madagascar, le Maroc, l'Algérie, la Tunisie, l'Annam, le Cambodge, la Cochinchine, le Sénégal, le Soudan occidental, le Congo n'ont pourtant pas été conquis par l'Allemagne. Nous veut-on faire accroire que ce sont les puissances de l'Europe centrale qui ont mis la main sur la Tripolitaine, l'Érythrée et l'État du Congo, ou bien que c'est le Wurtemberg qui a occupé le Turkestan, le Caucase, la Pologne, la Géorgie, la Crimée, la Tartarie et la Finlande ?

Ne sont-ce pas plutôt les Anglais qui torturent et exploitent les Indes, ce vaste et riche empire de plus de trois cent vingt millions d'habitants ? N'est-ce pas la perfide Albion qui, usant de force et de ruse, entraîne en Europe les malheureuses populations des Indes et en verse le sang pour une cause qui ne les touche ni de près ni de loin ? N'est-ce pas elle encore qui a foulé aux pieds l'indépendance et la neutralité de l'Égypte et qui, après avoir engagé sa parole d'évacuer ce pays, vient de l'occuper définitivement ? Qui donc, aux Dardanelles et en Flandre, envoie au-devant des balles ennemies Canadiens, Australiens et Néo-Zélandais, tandis que ses propres soldats restent tranquillement chez eux et passent le temps à déguster leur whisky ? Si quelques-uns des peuples soumis par l'Angleterre étaient peut-être arriérés au point de vue de la civilisation, était-ce le cas des Boërs ? Et pourtant l'Angleterre a écrasé ce brave petit peuple et a détruit l'indépendance de deux républiques inoffensives et parfaitement bien organisées. Puisque les Anglais se posent en champions du principe des nationalités et protègent la Belgique, comment ont-ils pu offrir à l'Italie la domination de l'Albanie ? Et leur allié, le Japon, n'a-t-il pas annexé sans façon la Corée, autre pays indépendant ? Et les Anglais eux-mêmes ne viennent-ils pas d'occuper les îles grecques, tout simplement pour s'en servir comme base de leurs opérations militaires ? N'est-ce pas cette noble et généreuse Triple Entente, fondée afin de délivrer le monde du joug allemand (!), qui, au cours des quinze dernières années et de concert avec son complice secret, a brisé l'existence nationale du Maroc, de l'Égypte, de la Tripolitaine, du Tibet, de la Mongolie, de la Corée, du Transvaal, de l'État d'Orange et, finalement, de la Perse ?

La prétention sans cesse émise par l'Angleterre et la Russie d'être les protectrices des petites nations et les défenseurs de la liberté du monde, est à ce point ridicule qu'elle ferait rire, comme dit le proverbe arabe, une mère qui viendrait de perdre son fils unique. Laissons de côté les agressions commises au loin par ces deux puissances, en Afrique, en Asie, dans le monde entier. Mais que dire du régime tyrannique et barbare sous lequel gémissent la Finlande et l'Irlande, pays plus rapprochés de Pétrograd et de Londres que la Serbie ou la Belgique. Qu'on s'informe donc auprès d'un Polonais si la liberté matérielle et morale, si les droits humains, nationaux et politiques de ses compatriotes étaient mieux respectés à Varsovie et à Lodz par leurs cousins moscovites qu'à Lemberg et à Cracovie sous le gouvernement des Habsbourgs germaniques. Les Anglais accusent hypocritement les Allemands d'avoir commis en Belgique les atrocités les plus épouvantables ; ils oublient l'horrible massacre de Denchawi, en Égypte, dont la cause fut une chasse aux pigeons ; ils ne songent pas aux cadavres des partisans du Mahdi qu'ils ont fait déterrer et brûler dans le Soudan, ni aux innombrables horreurs dont ils se sont rendus coupables aux

Indes. Ils se répandent en plaintes pathétiques sur de prétendues violations de traités, et ce sont eux qui, avec les Russes, ont été de tout temps les pires contempteurs de la parole donnée. La Russie avait conclu avec la Géorgie un traité qui en stipulait l'autonomie et l'entretien d'une garnison russe de 6.000 hommes au maximum. Où est maintenant le royaume de Géorgie ? Les sept huitièmes en ont été dévorés par les Russes. L'indépendance de Bukhara et de la Crimée avait été garantie par des traités non moins solennels. N'est-ce pas Gladstone enfin qui, en 1884, s'engagea formellement, en qualité de premier ministre d'Angleterre, à l'évacuation de l'Égypte dans un délai qui ne devait pas dépasser quatre ans ?

Sir Spring Rice, ancien envoyé d'Angleterre en Perse, a adressé au gouvernement persan, à la date du 4 septembre 1907, une note officielle déclarant que l'accord anglo-russe constituait pour la Perse une garantie d'indépendance, et que les parties contractantes s'étant engagées à s'abstenir de toute intervention dans les affaires intérieures de ce pays, aucune d'elles désormais ne permettrait plus à l'autre un acte portant ce caractère. Où se sont envolés ces engagements et ces garanties ? Pourquoi le gouvernement anglais a-t-il toléré, sans mot dire, les ingérences, les brutalités et les crimes des Russes ? Pourquoi a-t-il même, partout et à chaque occasion, prêté son appui aux inqualifiables procédés de ses alliés ?

Dans le cas — fort peu probable, du reste — d'une victoire de la Triple ou Quadruple Entente, la Perse verrait s'évanouir son dernier espoir d'échapper au joug de ses oppresseurs et de recouvrer sa souveraineté. Toute issue serait fermée pour elle si, après les frontières du nord et du sud, celle de l'ouest venait à être occupée, dans toute son étendue, par les Russes et les Anglais. Tant que la Russie ne confinait à la Perse que dans le Caucase, nous n'eûmes pas lieu de trop nous inquiéter de ce voisinage ; mais quand elle eut envahi les régions transcaspiennes, annexé l'un après l'autre le Turkestan, Merv, Boukhara, Khiva et le pays des Turcomans, et mis, pour ainsi dire, le siège devant les frontières de l'Asterabad et du Khorassan, la Perse se vit constamment menacée de l'épée de Damoclès, ou, pour employer une comparaison populaire arabe, elle fut réduite à la fâcheuse situation d'un homme sur la tête duquel s'est abattu un vautour et qui ne peut plus remuer, parce que, au moindre mouvement, l'oiseau lui mangerait les yeux. Les Anglais, de leur côté, sont montés des rives de l'Indus jusqu'au Beloutchistan et au district de Siah-konh, voisin de notre province de Seïstan. Si la guerre actuelle avait pour résultat l'agrandissement notable du territoire des régences des Indes et de la Transcaucasie, de sorte qu'elles se touchent à l'ouest de la Perse ; si de cette façon les conquérants de Van et ceux de Basrah se rejoignent à Mossoul, Karkouk et Soleïmanya et ferment aussi la frontière occidentale de la Perse, coupant ainsi à ce pays toute communication avec l'Europe, s'imagine-t-on qu'alors la Russie et l'Angleterre permettront encore à l'empire « de durée éternelle » d'installer paisiblement, dans ses « provinces inviolables », un « roi des rois » sur le trône des Achéménides, et de continuer à vendre au plus offrant, en vertu d'un de ces ordres royaux « auxquels se soumet le Destin », les places de gouverneur de Naïne ou de Djowchégan, ou de « karguzar »[1] de Natance ou de Goulpaïégan ?

---

[1] Représentant du ministère des Affaires étrangères persan auprès des gouverneurs des provinces.

Que devra faire la Perse ?

Au milieu de cette tourmente universelle qui emporte dans son tourbillon nations civilisées et peuples demi-civilisés, la Perse aurait grandement tort de ne pas tirer parti de l'occasion unique qui s'offre à elle. Toute nation qui, dans un moment pareil, ne sait pas faire preuve d'énergie, ne mérite pas une existence libre et indépendante et se condamne elle-même à végéter obscurément jusqu'au jugement dernier. Le peuple qui succombera en combattant pour ses droits sera reçu au nombre des martyrs à qui le Coran promet qu'« ils vivront auprès du Seigneur et recevront de Lui leur subsistance quotidienne ». Mais celui qui restera les bras croisés n'aura rien à attendre de la grâce divine, car il est écrit : « A chacun selon ses efforts ».

Il faut donc que le peuple persan sorte de son inaction, afin de conquérir son indépendance. Quand nous disons « conquérir », nous n'entendons pas plaider pour une participation à la guerre actuelle. Mais le maintien de la neutralité ne requiert-il pas déjà la présence sous les armes de forces considérables ? Si la Perse ne veut pas abdiquer pour toujours, si elle n'a pas renoncé à briser ses chaînes, le moment d'agir est venu pour elle : jamais plus les circonstances ne seront aussi favorables que maintenant. Si elle persiste dans son inaction — nous ne disons pas dans sa neutralité, car celle-ci n'existe que de nom —, dans quelques années, il ne restera plus trace de sa souveraineté. Il faut qu'elle se crée une armée, qu'elle se procure des munitions et des armes, qu'elle trouve des ressources pécuniaires dont elle aura la libre disposition, qu'elle obtienne l'évacuation de ses provinces occupées par des troupes étrangères, qu'elle empêche qu'on arrête sur son territoire les consuls de puissances amies ; il faut enfin qu'elle recouvre, si c'est possible, le droit d'appeler à son service, sans autorisation préalable, tels fonctionnaires étrangers qu'il lui plaira. La Perse doit secouer sa léthargie, afin que son indépendance nationale, ce précieux héritage que nous a laissé la longue lignée de nos ancêtres, ne lui soit pas ravie ; afin que l'empire qui fut fondé douze cents ans avant l'Islam ne disparaisse pas de la face de la terre et ne s'éteigne pas dans l'humiliation et l'opprobre. Ou bien le drapeau du Lion et du Soleil sera noyé dans le sang, ou bien il rayonnera de nouveau d'une gloire éclatante ! Aujourd'hui, le nom de la Perse est entaché de honte, et cet antique et fier royaume est en train de sombrer dans un abîme de boue, de lâcheté et d'impuissance. Aucun autre État n'a eu une fin d'existence aussi ignominieuse. La Babylonie et l'Assyrie ont péri les armes à la main ; l'Égypte et la Grèce ont été détruites par le fer et le feu ; l'Empire romain a lutté jusqu'au dernier souffle ; les républiques boërs, la Belgique, la Serbie, le petit Monténégro ont opposé à leurs vainqueurs une résistance acharnée. Malheur à la Perse de Darius et de Xerxès si elle se laissait enterrer toute vivante et les yeux ouverts : elle ne serait pas digne qu'on gravât même sur son tombeau la date de sa mort.

La Perse doit se réveiller de son apathie et prouver qu'elle ne veut pas mourir. Elle doit mobiliser toutes ses forces militaires, régulières et irrégulières ; il faut qu'elle les tienne prêtes pour la lutte suprême ; il faut qu'elle décide une bonne fois si elle entend vivre ou mourir.

Les personnes au courant des choses de Perse diront : « Il n'y a ni argent, ni armes, ni munitions, ni chefs. Comment former une armée capable de faire quelque chose ? » Ce raisonnement est juste. Le gouvernement persan ne pourra rien entreprendre tant qu'il aura les pieds et les poings liés par les entraves que la Russie et l'Angleterre lui ont mises. Mais, pour trouver la force de les briser, il faudrait commencer par des réformes intérieures, dont la première doit être de déchirer le tissu de concessions et de capitulations qui l'enserre jusqu'à l'étouffer !

Comment sortir de ce cercle vicieux ? Si la Perse ne veut renoncer à tout espoir de salut, elle doit s'efforcer de trouver, chez d'autres puissances, les armes, les munitions et l'argent dont elle a besoin. Les ayant acquises aux conditions les plus avantageuses, elle s'appliquerait ensuite sérieusement à la réorganisation de ses finances et de son armée. Si quelqu'un s'avisait de troubler cette œuvre de reconstitution, ce serait à la Perse de montrer qu'elle sait vaincre ou mourir.

Il est évident qu'une telle politique n'est possible que par l'action combinée du gouvernement et de la nation; en un mot, de toutes les forces du pays. Si nous voulons délivrer notre malheureuse patrie, il nous faudra donc mettre fin aux dissensions intestines, faire taire les querelles de partis et renoncer à l'habitude funeste de rejeter la responsabilité les uns sur les autres.

Dans tous les pays, chez les neutres aussi bien que chez les belligérants, l'union s'est faite entre les partis, et la nation forme un bloc compact. Il en est ainsi des peuples balkaniques comme des États scandinaves. En effet, les intérêts d'un pays ne seront en sûreté qu'entre les mains d'un ministère qui se sait en parfait accord avec un parlement où règne l'esprit d'union. Malheureusement, la Perse, au lieu de savoir profiter de la situation que lui ont faite les événements, a perdu une année précieuse en crises de cabinet, en attaques dirigées contre les ministres, en disputes des députés entre eux, en querelles de partis et en polémiques de journaux. Pendant toute cette année, elle n'a pas fait un seul pas en avant. Dans les journaux européens, on a comparé nos séances parlementaires à de désopilantes arlequinades ! *Sans un cabinet stable, énergique et influent, auquel le parlement et la nation, oubliant leurs dissensions, prêtent un concours unanime et accordent des pouvoirs étendus, le salut de la Perse est impossible !* De son côté la presse persane, si elle ne veut faillir à sa mission politique, devra s'imposer des réformes sérieuses. On ne saurait nier, en bonne justice, que les journaux persans, dont l'attitude dépasse trop souvent toutes les bornes de la bienséance, ne nuisent beaucoup aux intérêts de leur pays. Par leurs polémiques virulentes et leurs diffamations scandaleuses, ils font preuve d'une dépravation du sens moral qui contribue plus que toute autre chose à déprécier la Perse à l'étranger. C'est la presse persane qui, en gros caractères lisibles pour tous les yeux, inscrit sur les tablettes de l'histoire l'immoralité de la Perse. Tout Persan patriote vivant à l'étranger ne peut lire qu'avec colère et dégoût ces immondes feuilles qui déshonorent sa patrie. Il faut que les journaux persans s'amendent, qu'ils deviennent semblables à ceux des autres nations. Il faut qu'ils se sentent responsables et qu'ils prennent conscience de leur mission. Il faut qu'ils comprennent qu'ils sont responsables de leur pays, à peu près dans la même mesure qu'un ministre des affaires étrangères, et qu'ils doivent montrer tout autant de réserve et de force de caractère.

Afin de s'épargner de cuisants remords, il faut que la Perse sorte de son inaction avant qu'il soit trop tard. Le moment est venu de préparer sa libération, de reconquérir et de consolider sa souveraineté, d'organiser son armée et de trouver les ressources pécuniaires indispensables à son existence comme nation indépendante. Il faut que les hommes qui aujourd'hui dirigent sa politique soient pleinement conscients de la haute responsabilité que leur impose l'heure présente, et qu'ils accomplissent le devoir que leur trace l'histoire. Finiront-ils par se rendre compte que le maintien de la neutralité, qui paraît hypnotiser tout le monde et sur lequel on entend pérorer dans tous les clubs et à chaque coin de rue, est impossible sans une armée nationale assez forte pour la faire respecter ?

Les Persans devraient comprendre qu'à moins de posséder une armée propre, ils n'ont aucune raison de se réjouir de victoires remportées par d'autres nations. Des défaites infligées en Europe par d'autres peuples à nos ennemis héréditaires serviront peu la cause de la Perse. N'allons pas nous faire d'illusions. Si nous restons faibles, nos amis se transformeront en ennemis et ne nous arracheront des griffes du loup que pour nous dévorer eux-mêmes. C'est là un fait brutal qu'il est superflu d'appuyer d'exemples tirés de l'histoire. Le monde, tel qu'il est fait aujourd'hui, ne reconnaît de droits qu'à celui qui sait se défendre. L'honneur du faible n'est respecté ni par ses ennemis ni par ses amis. La punition de notre faiblesse, ce serait le massacre de nos compatriotes, ce seraient des potences qu'on verrait s'élever, soit à Tauriz et à Ghilan, soit à Kirind et à Ser-ï-poul.

L'estime ne s'accorde aujourd'hui qu'au peuple qui dispose de canons, de fusils et d'argent. Ce sont des titres insuffisants à commander le respect que d'être la doyenne des nations, d'avoir fourni matière au talent de description d'Hérodote et d'avoir fleuri en même temps que l'Égypte et la Babylonie.

Il est certain que la victoire ou la défaite, le triomphe ou la débâcle de la Turquie, dans cette guerre, seront pour tout l'Orient d'une importance immense et qu'on ne saurait évaluer trop haut. C'est des succès de l'Empire turc que dépend le sort de la Perse, que dépend l'existence de l'Islam. Si la Turquie, le plus grand des empires mahométans, succombait sous les coups de ses ennemis, elle entraînerait dans sa chute l'Islam, que notre prophète fonda dans l'Hedjaz, il y a treize siècles, et qui disparaîtrait sans laisser d'autre souvenir que son nom. Quel événement sans exemple dans l'histoire du monde que la disparition, après treize cents ans d'existence, du mahométisme, à la fois dogme religieux et lien politique des peuples qui le professent! Mais dans le cas d'une victoire de la Turquie et de ses alliés, tout ne serait cependant pas dit pour la Perse et elle serait loin de retrouver la tranquillité. Dans ce cas-là encore elle aura besoin d'une politique nationale pour défendre son indépendance fondée longtemps avant l'Islam, et pour l'accomplissement de cette tâche, elle n'aura pas trop de toutes ses forces.

Conclusion.

Ce n'est pas seulement aux chefs responsables ou irresponsables du peuple persan que la situation politique actuelle trace nettement la ligne de conduite qu'ils ont à suivre, en faisant appel à toute leur habileté et à tout leur patriotisme : chaque membre de la nation a des devoirs à remplir, à moins qu'il ne soit dépourvu du don de l'intelligence ou que l'habitude de vivre sans réfléchir n'ait irrémédiablement atrophié chez lui le sentiment de la responsabilité. Le moindre des devoirs de tout Persan, n'importe où il se trouve, est de dire ou d'écrire ce qu'il juge nécessaire en ce moment pour le bien de sa patrie, ne serait-ce qu'afin que la postérité possède des témoignages sur la situation de la Perse et les opinions politiques des Persans.

De ces considérations sommaires sur la situation de la Perse, l'auteur de ces lignes croit pouvoir tirer les conclusions suivantes. Il faut que le gouvernement et le peuple persan se rendent compte de l'importance du moment présent, qu'il s'agit de ne pas laisser échapper, et qu'ils fassent tous leurs efforts pour rendre la Perse aussi forte que possible. L'occasion est d'autant plus favorable que les entraves mises par nos ennemis à notre liberté d'action se sont considérablement relâchées. Il faut que la Perse se procure tout ce qu'elle pourra d'armes et de munitions, qu'elle exerce les hommes valides au maniement des armes, qu'elle forme des cadres de troupes régulières, et qu'elle s'émancipe avant tout de la tutelle que les étrangers exercent sur son administration financière. Quelle œuvre excellente on ferait si, dans l'intérêt vital de notre gendarmerie, on pouvait remplacer, dans l'administration des finances, les employés belges par des Suédois ! Que ne pourrait-on pas attendre d'une réorganisation de l'armée par des instructeurs suédois ! De quel cœur n'acclamerions-nous pas nos gouvernants s'ils voulaient s'appliquer de toutes leurs forces à ranimer dans notre pays l'esprit guerrier, à développer nos qualités militaires, à rendre à nos compatriotes l'habitude de la décision et du courage, et à faire oublier pour toujours à notre nation ses dissensions et ses odieuses querelles de partis ! A quelle gratitude ils auraient droit s'ils voulaient donner une organisation militaire solide aux forces armées des tribus nomades et prendre en mains la protection de nos droits ! Il faudrait bien alors qu'on écoutât notre voix quand nous l'élèverions pour demander qu'on nous affranchisse du joug honteux que nous n'avons que trop longtemps porté !

Il faut que la Perse soit en mesure de dire aux nations étrangères : « Je réclame le droit de vivre indépendante, j'entends être libre de mes actions et faire par moi-même ce qui est nécessaire pour garantir mon indépendance. Je veux que ce soit moi, et non les consuls russes, qui perçoive chez moi les impôts ; je veux choisir moi-même les hommes qui géreront mes finances ; je veux, sans ingérence étrangère, confier à qui me plaît l'exécution des réformes que je juge à propos d'apporter à mon armée, à mes finances et aux autres branches de mon administration. Enfin, je veux posséder le pouvoir nécessaire pour protéger et pour défendre sur mon propre territoire l'amitié qui me lie aux nations qui me veulent du bien. Et puisque, sans me débarrasser de certaines entraves, je ne saurais entreprendre aucune réforme, ni même faire le moindre mouvement, il faut que les gouvernements des pays voisins, si tant est qu'ils soient animés de sentiments sincères pour le bien de la Perse et qu'ils désirent sérieusement sa prospérité et sa consolidation, s'abstiennent de toute intrigue contre elle et renoncent à mettre des obstacles aux réformes qu'elle projette. Mais s'ils continuent à étrangler peu à peu la Perse, à ne pas lui laisser la moindre initiative, à réduire journellement le peu de pouvoir qui lui reste ; s'ils exigent, la première année, le désarmement des nomades, la seconde, la nomination d'officiers russes ou anglais dans l'armée et dans la gendarmerie persanes, et la troisième, l'abandon du produit total des contributions, il ne me restera qu'à réunir, dans un effort suprême, mes dernières forces et à combattre jusqu'au dernier souffle pour la cause sacrée de ma liberté et de mon indépendance. »

Pour cela — avons-nous besoin de le dire ? — il est indispensable que le gouvernement soit sûr de la population et qu'il se place à la tête du mouvement pour le diriger d'une main ferme et d'après un plan d'ensemble. Ce qu'il devra empêcher avant tout, c'est l'éparpillement des forces, ce sont les actions sans lien les unes avec les autres. Tout devra être réglé par un mot d'ordre venu d'en haut et tendre vers un but unique : le salut de la nation.

Que le gouvernement persan se décide à faire la guerre ou qu'il reste neutre, le meurtre des consuls russes ou anglais ne sera pas dans l'intérêt politique du pays. Mais si le gouvernement persiste dans son inaction et s'entête à jouer le rôle de simple spectateur, non seulement il n'aura pas la force de maintenir sa neutralité, mais, qu'il le veuille ou non, les puissances étrangères l'entraîneront dans le conflit par mille intrigues et machinations, en excitant le peuple et en fomentant des troubles. Le moins qu'on puisse craindre, c'est qu'elles attirent dans l'un des partis et excitent les unes contre les autres les tribus nomades, les troupes des différentes provinces et les notables. Toute la Perse deviendra ainsi le théâtre de guerres intestines, et bientôt il ne restera à Téhéran, avec ses sept ministres et ses soixante-dix députés, qu'un gouvernement qui n'aura d'autre neutralité à protéger que celle des « provinces inviolables » de Sangeladj, de Tehalamaïdan, de Paqapuq et de Châhabad[1]. Puis, un beau jour, quand le désordre aura gagné jusqu'aux coins les plus reculés du pays, les Russes établis à Kazwin viendront chasser à coups de pieds ce « gouvernement », qui n'aura pas su pourvoir au maintien de la neutralité de la Perse. Il est donc indispensable que la Perse décide elle-même de ce qu'elle fera et de ce qu'elle ne fera pas, qu'elle prenne la direction de ses affaires en ses propres mains. Mais la condition d'une telle politique — nous le répétons — c'est l'union de tous les partis et l'utilisation judicieuse de toutes les forces du pays.

Si la Perse s'entête dans son inaction — non sa «neutralité»! —, la fin de la guerre universelle l'enverra rejoindre dans le néant les empires qui jadis furent témoins de sa gloire. Le royaume des Aché-

---

[1] Noms de quartiers de Téhéran.

ménides sera morcelé par ses ennemis, et le dernier et innocent roi de Perse expiera — ce qu'à Dieu ne plaise ! — les fautes du passé et la folie de son peuple. Alors le règne de l'innocent Ahmed Chah Kadjar sera comme le fut autrefois celui du coupable Jezdegerd, la dernière lueur jetée par l'astre de l'Iran avant de s'enfoncer dans la nuit.

10 octobre 1915

Un patriote persan.

Complément.

Comme complément aux lignes qui précèdent, nous avons jugé utile d'examiner ici, en post-scriptum, certaines questions de la politique d'Orient qui, n'ayant pas de rapport direct avec le sujet de notre brochure, n'ont pu y trouver place.

Il ne faut pas perdre de vue le fait que, tout comme les autres pays, la Perse doit suivre, en dehors de sa politique nationale, une politique internationale.

Tout individu vivant en communauté avec d'autres individus reconnaît bientôt que tous ses intérêts ne lui sont pas particuliers, mais que certains d'entre eux sont identiques avec ceux d'autres membres de la société dont il fait partie. Il ne tarde pas à comprendre qu'il a avantage à se joindre à un groupe de ses semblables, dont il recevra aide et appui, tout en le servant. Les groupes, à leur tour, se réunissent pour la défense des intérêts communs, et c'est ainsi que se sont formés les clans, les tribus, les peuples, et enfin ces grandes associations qu'on désigne du nom de « nations » ou d'« États ». Peu à peu les nations, elles aussi, ont été amenées par la force des choses à se lier entre elles par des alliances, des accords, des ententes, etc., et à former ainsi de grands groupes politiques internationaux. Car, par suite des progrès extraordinaires de la science et de l'industrie, les différentes parties du monde se sont tellement rapprochées et leurs intérêts se sont si bien enchevêtrés, qu'il n'est plus guère possible à une nation de rester isolée et de protéger, à elle seule, ses droits et ses intérêts.

De même qu'en s'associant à un groupe de ses semblables, un individu ne peut s'attendre à se voir faciliter la poursuite de tous ses intérêts mais seulement celle de ses intérêts majeurs à l'exclusion d'une partie de ses désirs personnels de même une nation, en formant une alliance avec une autre, ne saurait faire partager à son alliée toutes ses vues et devra se résigner à sacrifier celles de ses aspirations qui seraient en contradiction avec l'intérêt commun.

C'est à la suite de cette transformation des relations internationales que l'Europe a passé, depuis un demi-siècle environ, au système des « alliances » et des « ententes », qui commande aujourd'hui toute sa politique. Les nations pèsent avec soin leurs intérêts et examinent minutieusement les chances et les garanties que leur offre telle ou telle combinaison. Renonçant, en faveur de leurs intérêts vitaux, à la satisfaction de leurs désirs d'ordre secondaire, elles concluent une alliance ou établissent une entente avec un ou plusieurs peuples qui poursuivent des buts semblables aux leurs. Il se constitue ainsi des groupements de puissances liées par des intérêts communs et capables de les défendre avec succès s'ils venaient à être menacés. Il est évident que la conclusion d'une telle union est une tâche délicate autant que difficile et qui requiert, chez ceux qui l'assument, un tact et un savoir-faire peu ordinaires s'unissant à une conception très nette de la situation et à beaucoup de largesse dans les idées. Il faut, pour s'en tirer avec honneur, des hommes d'État de premier ordre qui, sans s'arrêter à des bagatelles et sans se laisser influencer par leurs sympathies ou leurs antipathies, sachent découvrir, même au prix du sacrifice d'avantages immédiats, un compromis entre les besoins divergents ou même contradictoires de leur pays et ceux de leurs futurs alliés. Il faut que ces hommes soient tout à la fois intransigeants et conciliants ; inflexibles sur les points essentiels, prêts aux concessions pour les secondaires ; rompus dans les finesses du métier politique et calmes en face des responsabilités. Réconcilier des intérêts opposés : il n'y a pas, pour les gouvernants, de tâche plus difficile, il n'y en a pas de plus importante. L'art de manier les hommes est supérieur à l'art de manier l'épée.

La peur de voir diminuer son prestige, et des raisons puisées dans sa politique européenne ont décidé l'Angleterre à s'associer avec son ennemie naturelle, la Russie, et à sacrifier, en même temps que sa politique asiatique, une partie de ses intérêts coloniaux. La Turquie a compris qu'elle a tout intérêt à s'unir à l'Autriche et elle a pardonné l'annexion de la Bosnie et de l'Herzégovine. La Russie et le Japon, les adversaires de 1903, ont effacé le souvenir de Port Arthur, de Sakhalin, de la Corée et de la Mandchourie, et ont contracté une alliance. La France et l'Angleterre ont oublié leurs anciennes querelles, la guerre de Cent ans, la guerre de Sept ans, les guerres napoléoniennes et jusqu'à l'affaire récente de Fachoda, et elles se sont unies dans une « entente cordiale ». Dans tous ces cas, il s'agissait de nations entre lesquelles existait un antagonisme radical. Ne sera-t-il pas bien plus facile de mettre d'accord des nations que leur caractère et les conditions d'existence où elles se trouvent prédisposent à une entente ? Une telle entente n'est-elle pas appelée à être plus intime, plus fertile et plus durable ?

Dans la politique extérieure de la Perse, l'Orient et l'avenir du monde musulman auront toujours une place prépondérante : la politique de la Perse est inhérente à la politique de l'islam. Ce n'est pas le sort de la Perse seule qui occupe les Cabinets européens : le haut tribunal de la Quadruple Entente a décrété la destruction de l'islam tout entier, et l'exécution de la Perse fait partie de cette condamnation en bloc. Quand le sort de l'Orient et de l'islam est en jeu, la Perse ne saurait rester spectatrice indifférente et poursuivre une politique égoïste. Les destinées de toute l'Asie occidentale, et même celles de l'Afrique du nord, sont indissolublement liées les unes aux autres. Aucune nation, si forte soit-elle, ne peut plus s'isoler dans sa politique et défendre toute seule ses intérêts. A plus forte raison faut-il que la Perse se cherche quelque appui. Chaque nation, aujourd'hui, est en rivalité avec d'autres pour des questions politiques ou commerciales. Il est impossible qu'elle réalise 100 pour 100 de ses désirs ; il faut donc qu'elle sache renoncer à un petit avantage, afin d'en obtenir un plus grand. L'intransigeance aveugle et le fanatisme borné ne font que compromettre la cause qu'ils servent, en religion comme en politique.

De ce que nous venons de dire, il résulte que le moment est venu, pour le monde musulman tout entier, de s'unir, afin de tenir tête aux intrigues et aux agressions des puissances conjurées pour détruire l'islam.

L'empire du Califat islamique qui, sous les quatre premiers successeurs de Mahomet, ensuite sous les Omeyades et les premiers Abbassides, s'était étendu à une grande partie de la terre habitée, s'est divisé plus tard et a été remplacé par une infinité d'États musulmans qui se sont formés sur les points les plus divers du globe. Aujourd'hui, à l'exception de trois, tous ces États, petits et grands, sont annexés ou réduits à l'esclavage par les trois ou quatre puissances européennes qui s'acharnent à persécuter l'islam. Les trois États qui restent, meurtris et agonisants, sont voués par leurs implacables ennemis à une disparition prochaine. Ce sont les États asiatiques de Turquie, de Perse et d'Afghanistan, tous trois voisins l'un de l'autre. Heureusement, leurs intérêts naturels et fondamentaux sont identiques. Ils ont les mêmes ennemis et les mêmes aspirations ; ils souffrent des mêmes maux appelant les mêmes remèdes. Toutes les conditions sont donc réunies pour que ces trois nations se tendent une main fraternelle et s'unissent dans un commun effort, afin de repousser leurs ennemis et de recouvrer leur liberté. Voilà ce qu'il faut que comprennent les gouvernants des trois nations ! L'heure est venue d'oublier les querelles mesquines et de renoncer à de piètres calculs égoïstes. Est-il un Persan assez stupide pour croire, au moment où le mausolée sacré de l'imam Riza s'écroule sous les projectiles russes, que la promesse que l'Angleterre fait à la Perse, de l'annexion de Karbela, de Nedjef et des lieux saints de l'Irak arabe, soit autre chose qu'un leurre décevant ? Existe-t-il un Turc assez insensé pour rêver à la conquête de Saoudjboulaq ou de Bana, au milieu des mille et une difficultés où se débat son pays, ou pour se bercer, à l'heure où l'ennemi menace les Dardanelles, de l'illusion d'occuper le Turkestan chinois ou de soumettre à l'influence turque les tribus Qachqaï ? Est-il admissible que l'Afghanistan détourne son attention des ports de Carratchi et de Gouatar et projette l'annexion de Tchabahar et de Djach ? Pendant deux cents ans, la Perse et la Turquie se sont disputé quelques pauvres villages de frontière, et tandis qu'elles se querellaient à propos des bourgades de Quazligheul, de Vazana, de Sar-Dacht et de Bana, les villes de Yezd, d'Ispahan et de Boroudjerd étaient englobées dans la « zone d'influence » russe, et Zunguldagh et les Dardanelles étaient bombardés par les canons des Anglais et des Russes.

Le gouvernement persan a créé des légations à Madrid et à la Haye, et il a conclu un traité avec la France pour obtenir l'autorisation d'avoir un consul dans l'île de la Réunion ; mais jamais Persan n'a mis le pied à Hérat et à Kandahar, et le nom de Kaboul n'est guère connu des Persans que par les récits du Châh-Namèh et par les fables de Zaboulistan. A la Perse et à l'Afghanistan, ces deux pays de même race, de même religion et de même langue, on peut appliquer ces paroles du poète :

« Mon ami et moi, chose étrange, nous ressemblons aux deux
yeux :
« Nous sommes voisins, mais aucun n'a jamais vu la maison
de l'autre ! »

Il est temps de réparer toutes ces fautes et ces négligences : bientôt
il serait trop tard. Il est temps que les hommes politiques de la
Perse et de l'Afghanistan envisagent avec fermeté la situation qui
est faite à ces deux pays, et qu'ils avisent à les en tirer. Le moment
est venu, pour les hommes d'État turcs, de comprendre qu'ils doivent
traiter leurs voisins musulmans avec bienveillance et dissiper chez
eux toute appréhension au sujet des intentions de la Turquie.
Quand les « Huns » sont aux portes de Constantinople et que les
féroces bourreaux russes de Kazwin n'attendent que l'ordre de se
ruer sur Téhéran, n'est-il pas insensé de perdre notre temps à rêver
de Califat et d'hégémonie en Asie, ou de vouloir faire revivre la
vieille querelle entre Afrasyab et Kavous, entre l'Iran et le Touran ?

Les Anglais, au moyen de mille intrigues, tentent de ressusciter,
en Perse et dans l'Irak arabe, la vieille haine entre les Chiites et les
Sunnites. Le *Times de Basra* (journal anglais se publiant à Basra
depuis l'occupation de cette ville par les Anglais) accuse le grand
moudjtahid chiite Aga Sayid Muhammed Kazim Yazdi d'être hostile
aux Turcs et de ne pas vouloir rendre de *fetva* en leur faveur. Bien
qu'à notre avis il soit hors de doute que c'est là une pure calomnie
et qu'aucun des chefs actuels de l'islam n'est capable d'une pareille
trahison — il ne se trouvera jamais un autre Ibn-Alqami qui, par
haine personnelle ou par fanatisme religieux, invite l'armée mon-
gole à détruire le califat, — il n'en faut pas moins que les dirigeants
de l'islam évitent soigneusement toute fausse apparence ; ni à la
malice des ennemis ni à la naïveté des amis, ils ne doivent fournir
l'ombre d'un prétexte à soupçonner leur droiture. Aujourd'hui que
l'existence de la Perse et de la Turquie, voire même celle de l'islam
est en jeu, il serait non seulement frivole, mais dangereux au plus
haut degré de continuer, au sujet de la frontière turco-persane, de
vieilles querelles qui ne peuvent qu'entretenir entre les deux nations
voisines des sentiments de défiance et de jalousie.

Heureusement qu'à la Sublime Porte, d'après des nouvelles
récentes, le parti du bon sens l'a emporté sur les rêveurs brouillons,

et que le gouvernement de Stamboul s'est décidé à écouter la voix de la raison. Les chefs intelligents de la nation turque ont compris les graves conséquences que devaient entraîner les imprudences qu'on avait commises, et la nécessité qu'il y avait pour la Turquie de prendre à l'égard de la Perse une attitude amicale et fraternelle : ils ont retiré du territoire persan les troupes turques, ils ont réparé des excès commis par certains fonctionnaires trop zélés, ont rendu aux ulémas chiites les honneurs dus à leur rang, ont admis gratuitement aux écoles de Constantinople cent jeunes Persans, etc. Ce sont là des faits qui permettent de penser que les gouvernants de ce peuple musulman ont fini par se rendre un compte exact de la direction qu'il importe de donner à la politique islamique, et que la raison et la logique ont eu le dessus sur les rêvasseries chimériques.

Par un curieux hasard, tous les ennemis de l'islam et de l'Orient se sont aujourd'hui rangés d'un côté, tandis que de l'autre se trouvent les amis des peuples orientaux. Les loups affamés de carnage veulent déchirer le lion, afin de dévorer à leur aise les moutons de l'Orient et de réduire à l'esclavage tous les peuples musulmans. Aujourd'hui le même camp réunit l'Angleterre, la France et la Russie, les bourreaux des peuples musulmans des Indes, de l'Égypte, du Soudan, du Maroc, de l'Algérie, de la Tunisie, de la Tripolitaine, du Beloutchistan, de Boukhara, de Khiwa, de la Crimée, de Kazan, du Caucase, du Daghistan, de la Somalie, etc. Dans le camp opposé, nous voyons l'Allemagne et l'Autriche, ceux qui autrefois rendirent hommage au souvenir de Saladin et ceux qui délivrèrent l'Albanie. Une guerre cruelle et sanglante s'est déchaînée entre ces deux camps : l'épée de la vengeance divine est en train de punir, par la main des guerriers germaniques, les ennemis de l'Orient, qui voulaient réduire sous leur puissance le berceau du Prophète, les tombeaux de nos saints, les foyers de notre religion.

C'est par un concours de circonstances providentiel que tous les ennemis héréditaires de l'islam se trouvent d'un côté, et tous les amis, de l'autre. L'Italie elle-même, le brutal envahisseur de la Tripolitaine, jadis l'alliée des États qui nous voulaient du bien, les a abandonnés et s'est rangée du côté où était sa vraie place, parmi les malfaiteurs et les brigands.

Dès le commencement de la guerre universelle, la Turquie a su orienter sa politique extérieure dans la bonne direction. Après avoir pesé les chances qu'elle trouverait dans l'un ou dans l'autre des deux camps opposés, elle s'est ralliée franchement aux puissances centrales et a résolument tiré l'épée contre ses oppresseurs. C'est ainsi qu'elle combat à cette heure sur les pentes du Caucase, dans les déserts de l'Irak arabe, sur la frontière de l'Égypte et aux Dardanelles. Plus que jamais l'attention du monde musulman se porte sur les questions fondamentales de la politique islamique, et la nécessité d'une alliance entre les États musulmans restés indépendants s'impose de plus en plus à tous les esprits éclairés et forme le sujet de toutes les discussions. Il faut que la Perse aussi revise sa politique et qu'elle mette fin à l'irrésolution qui, plus que toute autre chose, aggrave ses maux. Quelle que soit, d'ailleurs, la ligne de conduite pour laquelle se décidera le gouvernement persan, il devra s'inspirer de la nécessité d'entretenir des relations franchement cordiales avec ses voisins musulmans et unir ses efforts aux leurs pour la défense des intérêts communs ; il devra, en outre, resserrer les liens d'amitié qui rattachent la Perse aux ennemis de ses ennemis, aux puissances de l'Europe centrale, afin de profiter de leur civilisation, de leur industrie, de leur science militaire, de leurs engins de guerre, et pour développer, dans la mesure du possible, l'industrie et le commerce nationaux.

La neutralité est-elle possible?

La seule conclusion pratique de toutes ces considérations est qu'il n'existe pour la Perse qu'un moyen, de maintenir sa neutralité, de débarrasser son territoire des troupes étrangères, d'empêcher à l'avenir toute ingérence dans ses affaires et de recouvrer la liberté dans le choix de ses fonctionnaires : *la guerre*, rien que la guerre.

Le vrai patriote ne doit rien cacher ni recourir aux artifices diplomatiques : il faut qu'il ait le courage de dire la vérité. Dès que le gouvernement persan actuel s'avisera de faire un seul pas en avant, dès qu'il fera mine de vouloir sortir de son inaction, dès qu'il manifestera la plus légère velléité de s'affranchir de la moindre des entraves qui lient ses pieds et ses mains, dès qu'il entreprendra quoi que ce soit pour sauvegarder sa neutralité, pour recouvrer son indépendance ou pour prévenir de nouvelles violences des Anglo-Russes contre les ressortissants étrangers, aussitôt les menaces et les ultimatums feront leur entrée en scène, et au bout de quelques heures ce seront la guerre avec la Russie et avec l'Angleterre, et l'invasion du territoire persan. La constitution d'un cabinet patriote suffit pour exciter la colère des «protecteurs» de la Perse au point de leur faire proférer, dès le lendemain, des menaces de punition (!). Un représentant officiel de l'Angleterre à Téhéran a osé dire textuellement à un député persan : « Une femme qui a un mari n'a pas le droit de regarder un autre homme. Ouvrez les yeux et sachez bien que vous avez deux maris. Si vous jetez un regard à l'Allemagne ou une œillade à l'Autriche, soyez sûrs qu'un désir coupable ne se sera pas plus tôt réveillé dans votre cœur que vous en serez punis et que la Perse sera partagée en une seule journée ».

Donc, sans préjudice de nos sentiments pacifiques, et tout en préférant le maintien de la neutralité persane, nous sommes forcé de déclarer franchement et sans détour que la Perse, avant de faire le premier pas pour reconquérir sa liberté, devra être prête à affronter toutes les éventualités et prendre ses mesures en conséquence. Il est évident que la Perse ne peut se libérer à elle seule. Si rien ne vient, par hasard, détourner ses ennemis des perfides desseins qu'ils ont sur elle, il y aura la guerre, une guerre impitoyable. Mais pour faire la guerre, il faut de la poudre, des cartouches, des canons, des fusils, des officiers et de l'argent. Pour se procurer tout cela, il faut que la Perse se range ouvertement du parti des puissances de l'Europe centrale. Dans l'intérêt de ses droits, de sa liberté, de sa souveraineté, elle devra conclure avec ces puissances une alliance officielle, partager avec elles la bonne et la mauvaise fortune, se faire d'elles des amies sincères, afin qu'au jour où s'ouvriront les négociations de la paix, on lui accorde le droit d'avoir voix au chapitre. Il est indispensable que la Perse ne tarde pas davantage à appeler, de l'étranger, des fonctionnaires civils et des instructeurs militaires, pour qu'il mettent enfin de l'ordre dans son administration et dans son armée. Cela exaspérera, sans doute, la haine et la colère de ses « protecteurs », menacés dans leurs prétendus « droits maritaux », mais l'hésitation et l'irrésolution n'auraient d'autre résultat que de tout perdre irrévocablement. Il faut que nous nous montrions fermement résolus à défendre jusqu'au bout les droits que nous tenons de la volonté divine, car nous devons nous attendre à ce que nos ennemis nous contestent même ces droits-là. Ils voudront nous empêcher de respirer, de lever les yeux de terre, de faire le moindre mouvement, de donner le plus petit signe de vie ; force sera au fer et au feu de décider entre eux et nous. La main criminelle qui s'est avancée pour étrangler la Perse ne se laissera pas repousser : il faudra la couper. Mais, abandonnée à elle seule, la Perse n'y arriverait pas.

D'après le jugement de toutes les personnes compétentes, la Perse, pour ses réformes, a besoin de l'aide de conseillers étrangers. Si elle ne les appelle pas d'Allemagne ou d'Autriche, comme c'est son droit incontestable, du moins devra-t-elle les faire venir de Suède ou d'un autre pays neutre qui ne soit pas un instrument docile entre les mains de ses ennemis. Mais les ennemis de la Perse, qui, en Europe et en Amérique, mènent grand bruit de leur « amour de la paix et de la justice » ; qui se targuent d'être « les défenseurs de la liberté des petits États » ; condescendront-ils à étendre cette liberté à la Perse ?

C'est la réponse à cette question qui indique nettement à la Perse le devoir que lui impose la situation politique actuelle.

Au moment de mettre sous presse, nous apprenons, par les journaux, que lord Cecil vient de prononcer un discours rempli de belles promesses pour la Perse. C'est là une des dangereuses ruses hypocrites que nos ennemis emploient pour endormir notre vigilance. Certes, le diable britannique est très rusé, mais ses ruses sont cousues de fil blanc. Eh ! oui, nous savons de quoi il retourne. A peine vient-on de constater en Perse une certaine agitation, un commencement de mouvement hostile à la Russie et à l'Angleterre, tel que les troubles qui se sont récemment produits à Ispahan, qu'aussitôt ces deux puissances s'empressent d'envoyer, au lieu des ultimatums dont ils ont l'habitude, des promesses alléchantes d'aide et d'argent. Les loups, auxquels on a arraché les dents en Flandre et en Pologne, font les chattemites, et les paroles qui découlent de leurs lèvres sont plus douces que le miel. Mais un enfant comprendrait que tout cela veut dire : « Dors, mon petit innocent, et laisse-moi finir mes affaires ; ensuite, je reviendrai te dévorer tout à mon aise. »

Un de nos poètes contemporains a spirituellement persiflé dans ces vers les procédés adoptés par les Anglo-Russes à l'égard de la Perse :

« Les bonnes nourrices venues du nord et du sud font douce-
» ment aller mon berceau, — Elles bourrent mes oreilles de coton,
» afin qu'aucun bruit ne me dérange dans mon sommeil, — Elles
» m'allaitent d'un doux lait qui fait dormir et me disent : « Cher
» petit, ne pleure pas ! — Je te quitte pour un petit moment, afin
» de tirer les oreilles aux Turcs, aux Autrichiens et aux Allemands, —
» Puis je reviens auprès de toi, je t'emmaillote proprement — et je
» te recouche dans ton petit berceau, et tu vas voir si je saurai te
» guérir de tes vilaines manières ! »